왜 지금 개헌인가?
국민을 위한

머리말

국민들은 하루하루가 살기 어렵다고 합니다.
이 상황에서 정치인들은 개헌을 해야 한다고 합니다.
권력구조를 바꾸면 모든 문제가 해결되는 것처럼 말합니다.
국민들은 도무지 이해하기가 힘듭니다.

불황이 장기화 되는데도 부자들의 자산과 소득은 늘어나고, 양극화는 갈수록 심화되고 있습니다. 국민들은 행복은커녕 당장 먹고사는 문제가 시급하고, 젊은이들은 '헬 조선'을 외치며 희망조차 사치가 되어버린 상황입니다.

대통령이나 정부가 제 역할을 못하고 있는 것입니다. 대통령이 바뀌어도 이런 현상이 계속되고 있다면 국가 최고의 규율인 헌법의 효력이 제대로 작동되지 못하고 있기 때문이라고도 볼 수 있습니다.

대한민국 헌법은, 모든 국민은 인간답게 살 권리와, 행복을 추구할 권리가 있다고 명시하고 있습니다. 법 앞에 평등하고, 돈이나 그 어떤 것으로도 계급을 나누는 사회적 신분을 철폐한다는 등 좋은 말은 다 써 있습니다. 그럼에도 현실이 그렇지 못하다면, 그 원인을 찾아 고쳐야 합니다. 국민이 기본적인 권리를 누릴 수 있도록 개헌을 해야 합니다. 그것이 목적이어야 합니다. 권력구조 개편은 이러한 목적을 가장 효율적으로 달성할 수 있는 방법이자 수단이어야 합니다.

 어려운 작업이고, 험난한 과정일 것입니다. 그러나, 이제 시작에 불과합니다. 개헌을 한다면 제대로 해야 합니다. 정치적 이해관계가 아닌, 헌법이 명시하고 있는 국민의 인간답게 살 권리와 행복을 위해서... 이를 위해서는 국민의 끊임없는 관심과 경계가 필요합니다. 이 책이 미력하나마 수면위로 부상한 개헌의 방향을 모색하고 사회적 합의를 이루는데 단초가 되기를 기대합니다.

2016. 7. 17.
개헌절 68주년에.

감사의 인사를 전합니다.
어려운 출판시장 환경에서 흔쾌히 출간을 해주신 이돈환 대표님, 표지 캐리커처를 맡아준 김홍록 아티스트 작가, 자료를 정리해 준 임성은 교수, 원고 교정을 맡아 준 김미라 교수에게 지면을 빌어 감사의 인사를 전합니다.

목차

I. 왜 지금 개헌인가요?

Q. 왜 지금, 다시 개헌 논의가 시작됐다고 생각하나요? ······ 07
▶ 박근혜 대통령의 통치 스타일과 연관 짓는 견해에 대해서는 어떻게 생각하나요?

Q. 지금 개헌이 필요하다면 어떤 방향으로 해야 할까요? ······ 08
▶ 국가적 난제 해결과 개헌이 어떤 연관이 있다는 뜻인가요?

Q. 개헌에 소극적 입장이었던 것 같은데 그 이유는 무엇인가요? ······ 11
▶ 제대로 된 개헌이라는 것은 무슨 뜻인가요?
▶ 현행 권력구조에는 문제가 없다는 의미인가요?
▶ 개헌의 주도권 문제로 소극적인 것은 아닌가요?

II. 국민의 기본권 확대와 양극화 해소를 위한 개헌이란 어떤 것인가요?

Q. 국민의 기본 권리 확대를 위한 개헌은 무슨 의미인가요? ······ 17
▶ 국민의 기본권이 미약하다고 보는 근거는 무엇인가요?
▶ 국민의 기본권이 보장되지 못하는 원인은 무엇인가요?
▶ 구체적인 해법에는 무엇이 있을까요?

Q. 개헌 논의에서 양극화 해소를 왜 다루어야 하나요? ······ 22
▶ 양극화 해소를 위한 구체적인 조항에는 무엇이 있을까요?

Ⅲ. 우리에게 맞는 권력구조 개편은 어떤 것인가요?

Q. 대통령 4년 중임제를 주장하는 이유는 무엇인가요? ——— 27

- ▶ 5년 단임제가 구체적으로 어떤 문제가 있나요?
- ▶ 중임제를 도입하면 뭐가 달라지나요?
- ▶ 4년 중임제(8년)는 젊은 대권 후보들에게 유리한 것 아닌가요?
- ▶ 4년 중임제를 하면, 제왕적이라는 대통령 권한이 더 강해지는 것 아닌가요?
- ▶ 우리나라 대통령 권한이 크게 행사되고 있는 이유는 무엇인가요?
- ▶ 4년 중임제를 하면, 중임을 위해 임기 내 성과달성에 더 집착하게 되는 것 아닌가요?
- ▶ 4년 중임제를 하더라도, 레임덕은 어쩔 수 없는 것 아닌가요?

Q. 분권형 대통령제(이원집정부제)는 반대하는 것인가요? ——— 37

- ▶ 분권형 대통령제의 장점과 단점은 무엇으로 보나요?
- ▶ 내치와 외치를 나누는 방식의 분권형 개헌에 대해 반대하나요?
- ▶ 프랑스 같은 나라는 분권 체제가 잘 운영되고 있는 것 아닌가요?
- ▶ 현행 헌법으로도 분권형 대통령제가 가능하다는 의미는 무엇인가요?
- ▶ 현재 국무총리가 제대로 권한 행사를 못하는 이유는 무엇이라고 보나요?
- ▶ 총리의 권한을 헌법에 명시하면 합리적인 권력 분산이 가능하지 않을까요?

Q. 의원내각제를 반대하는 이유는 무엇인가요? ——— 49

- ▶ 의원내각제의 도입이 정치권력의 독점을 막을 수 있지 않을까요?
- ▶ 우리나라의 정당(제도)을 너무 평가절하 하는 것 아닌가요?

Q. 개헌 없이 협치나 연정을 어떻게 할 수 있나요? ——— 55

- ▶ 개인적으로 협치나 연정의 필요성에 대해 동의하나요?
- ▶ 현재의 승자독식 방식(all or nothing)을 유지해야 한다고 생각하나요?

Q. 지방자치나 지방분권에 대해서는 어떻게 생각하나요? —————— 59
▶ 지방자치 강화를 위해서는 무엇을 해야 할까요?
▶ 중앙집권의 폐해 해소, 지방분권 강화를 위해서라도 개헌이 필요하지 않나요?

IV. 개헌은 언제, 어떻게 하는 것이 좋을까요?

Q. 개헌이 적정한 시기는 2017년 대선 이전인가요, 이후인가요? —————— 64
▶ 이른바 원 포인트 개헌을 반대하는 이유가 있나요?
▶ 차기 대통령 임기를 줄이자고 제안했던데, 가능한 것인가요?
▶ 대선과 지방선거를 함께 하면 투표 대상이 너무 많아 혼란스럽지 않을까요?

Q. 개헌의 실현 가능성을 낮게 전망하는 이유는 무엇인가요? —————— 68
▶ 국회의원 중 개헌 찬성자가 3분의 2가 넘는 것으로 알려져 있는데 가능성이 있는 것 아닌가요?

Q. 개헌, 즉 제도를 바꾸는 것과 운용을 통해 개선하는 것 중 어떤 것이 나을까요? — 72
▶ 제도적 틀을 바꾸면서 새로운 시도를 해볼 수 있는 것 아닌가요?

Q. 우리나라의 정치 문화를 바꿀 수 있는 방법이 있다고 생각하나요? —————— 74
▶ 정치문화를 바꾸기 위한 공부라면 어떤 것이 필요할까요?
▶ 정치문화 선진화를 위한 방안은 어떤 것이 있을까요?

Ⅰ. 왜 지금 개헌인가요?

Q. 왜 지금, 다시 개헌 논의가 시작됐다고 생각하나요?

4.13 총선 이후에 개헌 논의가 가열되고 있는 이유는 정치적 요인들이 많이 작용하고 있기 때문입니다. 국정 수행과 공천과정에서 오래 전부터 제기돼온 제왕적 대통령제, 대통령 단임제의 문제들이 새롭게 부각되고, 여소야대 국면이 되면서 협치의 필요성이 제기되었기 때문입니다. 여기다 불과 1년 6개월 앞으로 다가온 대선을 둘러싼 특정 정치세력들의 이해관계가 불을 지핀 것입니다.

반면, 국민들은 왜 개헌이 필요한지, 개헌을 하면 뭐가 좋은지, 개헌을 안 하면 무슨 문제가 있는지에 대해 잘 모르고, 관심도 거의 없습니다. 지난 1987년 대통령

직선제 개헌을 위해 다수의 국민이 거리로 나서던 것과는 큰 차이가 있습니다. 그때는 민주주의 실현을 위한 '대통령 직선제 관철'이라는 국민적 합의와 열망이 있었다면, 지금은 무엇을 위한 개헌이 되어야 하는지에 대한 고민부터 시작해야 합니다. 그래야 개헌 정국이 몰고 올 혼란을 막을 수가 있습니다.

> **개헌(改憲)이란.**
> 개헌 또는 헌법 개정(憲法改正, constitutional amendment)이란 성문헌법에 규정된 개정절차에 따라서 헌법의 기본적 자동성(自同性), 즉 근본규범을 파괴하지 않고 헌법조항을 수정·삭제 또는 증보하여 의식적으로 헌법의 내용을 변경하는 것이다.
> <위키백과>

Q. 지금 개헌이 필요하다면 어떤 방향으로 해야 할까요?

한마디로 정파적 이해관계에 의한 권력구조 개편이 아니라 국민의 기본권과 삶의 질을 향상하기 위한 큰 틀에서의 개헌이 이루어져야 한다고 봅니다. 헌법은

공기처럼 평소에는 그 존재가치를 잘 느끼지 못하지만, 국가 통치의 이념과 한 사회가 지향하는 질서와 가치를 규율하는 최상위 법입니다.

그런데 1987년 개헌 당시 국가적 과제는 민주적인 정치시스템을 만드는데 있었기 때문에, 현행 헌법은 아쉽게도 지금 우리가 당면한 사회 갈등과 양극화의 해소, 국민의 삶의 질 향상과 행복 추구를 위한 원칙들은 담아내지 못했습니다.

매우 가슴 아픈 현실입니다. 한두 가지 법률을 개정하거나 정부가 정책사업을 시행한다고 해서 이러한 국가적 난제들이 해결될 수는 없습니다. 그래서 이참에 개헌 논의를 통해 큰 틀의 변화를 모색하고 해결방안을 찾아보자는 것입니다.

> **헌법(憲法, constitution)이란.**
> 국가의 통치조직과 통치작용의 기본원리 및 국민의 기본권을 보장하는 근본 규범을 말한다.
> 한국의 헌법은 1948년 7월 17일에 제정되었고, 9차례 개정하였으며, 전문과 총강(總綱), 국민의 권리와 의무, 국회, 정부, 법원, 헌법재판소, 선거관리, 지방자치, 경제, 헌법개정의 10장으로 나누어진 전문 130조와 부칙으로 되어 있다. <두산백과에서 요약>

▶ 국가적 난제 해결과 개헌이 어떤 연관이 있다는 뜻인가요?

지난 87년 개헌 당시에는 '민주화'가 가장 큰 화두였고, 사회갈등은 민주(개헌) 대 반민주(독재, 호헌)간 대결구도였습니다. 따라서 대통령 직선제로의 개헌을 통해 국가적 난제와 사회 갈등을 해결할 수 있었습니다.

이처럼 최상위법인 헌법에 명시된 국가통치의 원칙과 사회적 가치가 국정 운영의 방향과 사회적 지향점을 제시해 주는 하나의 이정표이자 전환점이 되는 것입니다. 즉 개헌은 시대정신과 과제를 재정의함으로써, 한 국가와 사회가 근원적 변화를 모색하고 당면한 난제들을 해결하는 하나의 해법이 될 수 있을 것입니다.

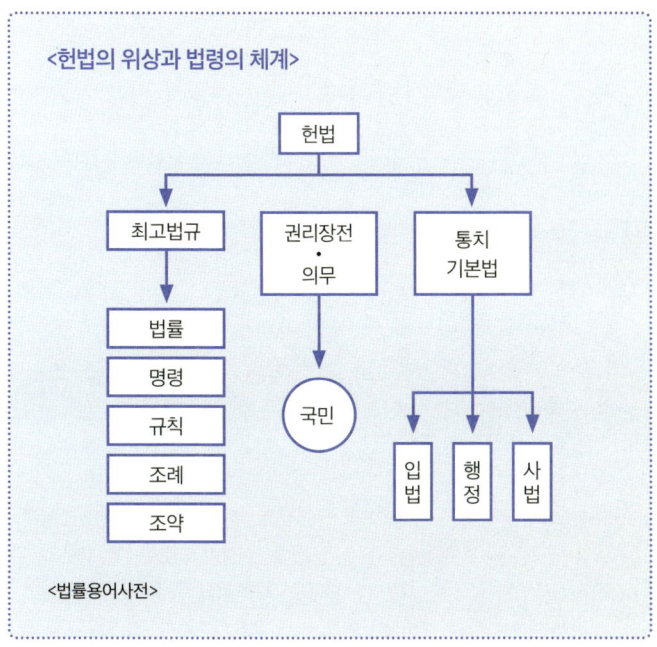

<법률용어사전>

Q. 개헌에 소극적 입장이었던 것 같은데 그 이유는 무엇인가요?

개헌에 소극적이라기보다는 기왕 할 거면 제대로 된 개헌을 하자는 것이 저의 일관된 생각입니다. 우선, 현재 정치권에서 추진되는 개헌 논의는 권력구조 개편에 집중돼 있습니다. 현재의 대통령제만 고치면 대한민국의 모든 문제가 해결되는 것처럼 여론을 호도하는 것은 아닌지 우려됩니다. 개헌이 우리 사회가 안고 있는 복잡다단한 문제들을 해결할 수 있는 만병통치약도 아니고, 될 수도 없기 때문입니다.

> **권력구조(權力構造, power structure)란.**
> 권력에 의해서 사회관계를 구성하는 제요소(諸要素)가 관련지어지고 배치되는 일.
> 이는 권력관계가 상대적으로 안정된 양식이다. 그러나 이 제요소의 관련·배치가 변화함에 따라 이것 또한 변동한다. 권력구조는 그 권력의 성질에 따라 경제적 권력구조, 사회적 권력구조, 정치적 권력구조 등으로 분류할 수 있는데, 통상적으로는 정치적 권력구조의 의미로 사용되는 경우가 많다. 정치적 권력구조는 사회적 분업의 발달에 수반하여, 또한 권력관계가 분화(分化)되고 조직화함에 따라서 몇 겹의 구조를 이룬다. 때문에 국가·지역 등의 각 차원에서의 권력구조가 상대적으로 성립된다. 그러나 계급사회에서는 권력관계를 구성하는 제요소의 계급성이 이 중층적(重層的)인 구조를 관류(貫流)한다. <두산백과>

▶ 제대로 된 개헌이라는 것은 무슨 뜻인가요?

'권력구조'를 고치는 것에 집중하는 것이 아니라, 국

민들의 삶을 개선하고 사회적 갈등을 해결하는 접근이 되어야 한다고 봅니다. 국민 한 사람 한 사람이 소외되지 않고 인간답게 살 수 있도록, 행복하게 살 수 있도록, 미래에 희망을 가질 수 있도록 그 방법을 치열하게 고민하며 해법을 찾아가는 것이 목적이 되었으면 합니다.

구체적으로 우리 사회가 당면한 이른바 '양극화' 문제에 대한 원칙과 합의를 헌법 개정을 통해 담아내야 한다고 봅니다. 권력구조에 대한 논의보다는 오히려 이러한 논의가 더 시급하고 본질적인 것이 아닌가 생각합니다.

▶ 현행 권력구조에는 문제가 없다는 의미인가요?

권력구조, 즉 대통령제가 좋은가 의원내각제가 좋은가, 아니면 분권형 대통령제가 대안인가. 이런 논의는 동서고금을 막론하고 오랜 기간 지속돼 왔지만 정답이 있다고 보기는 어렵습니다.

또한, 우리나라 헌법 자체가 대통령제와 의원내각제를 혼합한 형태이기 때문에 현재도 각각의 장단점이 제도적으로는 이미 반영돼 있습니다. 따라서 제도상의 문제라기보다는 운용상의 문제가 더 크다고 볼 수 있습니다. 개헌을 하지 않고 현행 헌법만으로도 운용의 묘를 살리면 문제가 없는데도 굳이 엄청난 사회적 비용과 혼란을 초래하면서까지 권력구조를 개편하자는 주장에는 동조할 수 없다는 것입니다.

대신 국민의 눈높이에서 국회의원의 특권과 관련된 면책특권이나 불체포특권을 개정하는 것은 환영받으리라 생각합니다.

> **면책특권(免責特權, privilege of speech)이란.**
> 국회의원이 국회에서 직무상 행한 발언과 표결에 관하여 국회 밖에서 책임을 지지 아니하는 특권.
> 국회의원의 발언·표결의 자유라고도 한다. 한국 헌법은 제45조에서 이를 보장하고 있다. 이 면책특권은 14세기 후반 영국에서 그 시원(始源)을 발하여 1689년 권리장전(權利章典:제1장 5항 1호)에서 보장된 의회의 특권의 하나로서, 그 후 세계 각국에서 이를

본받게 된 제도이다. 영국에서 처음 성립하였을 때에는 의회의 언론자유의 특권으로서 확인된 것이었고, 의원의 개인의 특권으로 보장된 것은 아니었다. 그러나 이것이 미국 헌법(1조 6항 1호)에서 비로소 의원의 특권으로 인정되었다. <두산백과>

불체포특권(不逮捕特權, privilege)이란.

국회의원이 현행범인이 아닌 한 회기 중 국회의 동의 없이 체포 또는 구금되지 않으며 회기 전에 체포 또는 구금된 경우라도 국회의 요구에 의해 석방될 수 있는 권리.

1603년 영국에서 국회의원특권법(Privilege of Parliament Act)에 의해 처음 법제화되었으며, 그뒤 미국의 연방헌법에 의해 성문화됨으로써 헌법상의 제도로 발전하고, 각국의 헌법에 수용되었다. 불체포특권은 국회의원의 신체의 자유를 보장함으로써 국회의 기능을 강화하고, 국회의원의 대의활동(代議活動)을 보장한다는 의미를 갖는다. <두산백과>

- 개헌의 주도권을 가지지 못하기 때문에 소극적인 것 아닌가요?

물론 제가 앞장서서 개헌을 주장한 적도 없고, 기자들 질문에 답을 하는 수준이었습니다. 그러나 현재 진행되는 논의를 보면 개헌을 매개로 한 특정 정파나 정치세력의 이합집산이 우려되고, 그렇다면 잘못된 방향은 막아야 한다고 생각했습니다.

우리나라 개헌 역사를 보면, 특정 정치인의 집권 연장이나 이해관계 때문에 이를 보장해줄 제도가 도입된 경우가 적지 않았습니다. 이러한 경우 불과 몇 년이 지나지 않아 또 개헌을 해야 했습니다. 현행 헌법도 '87년 민주화 운동이후 대통령 직선제를 골간으로 하지만, 대통령 임기를 5년 단임으로 제한한 것은 YS와 DJ 등이 순차적으로 대통령을 할 수 있도록 암묵적 합의가 있었던 것 아니냐는 의혹이 제기돼 왔습니다.

따라서 정치적 목적으로 국가와 국민을 혼란과 어려움에 빠뜨리는 개헌이 아니라 국민의 기본권과, 국가적 과제인 양극화 해소 등을 위한 개헌이면 좋겠다는 바람을 가지고 있습니다.

Ⅱ. 국민의 기본권 확대와 양극화 해소를 위한 개헌이란 어떤 것인가요?

Q. 국민의 기본 권리 확대를 위한 개헌은 무슨 의미인가요?

 개헌 논의에 조금 관심을 가지고 들여다보면 권력구조 개편과 함께 국민의 기본권 보장 혹은 확대가 거론되는 것을 알 수 있습니다.

 통상적으로 국민의 기본권은 국민이라면 누구나 가지는 보편적인 권리라고 할 수 있습니다. 왕정 국가에서는 고려되지 않았던 요소들입니다. 구체적으로는 모든 국민이 차별받지 않고 인간답게 살 권리, 행복하게 살 권리라고 설명할 수 있습니다. 물론 우리나라 헌법에도 국민의 기본권에 대한 조항들이 있습니다. 그런데, 정작 우리 국민들은 평등하게 인간답게 살고 있다거나 행복하다고 느끼지 못하는 실정입니다. 그렇다면 국민의 기본권을 보장하고 확대할 수 있도록 진지하게 고민하고, 헌법에 이를 반영하자는 것입니다.

▶ 국민의 기본권이 미약하다고 보는 근거는 무엇인가요?

우리나라 헌법은 행복추구권, 법 앞에 평등권, 쾌적한 환경에서 살 권리, 교육받을 권리, 거주이전의 자유, 신체의 자유, 근로의 자유와 권리, 언론 출판의 자유, 심지어 공무원이 될 권리로서 공무담임권까지 보장하고 있습니다.

문제는 국민들이 이런 권리와 자유가 헌법에 보장돼 있다는 것조차 모를 정도로 실질적으로 느끼지 못한다는데 있습니다. '유전무죄 무전유죄'라는 말이 회자되며 모든 국민은 법 앞에 평등하다는 헌법 조항은 웃음거리가 된지 오래입니다. 생존 경쟁에 몰리고, 장기적 불황속에서 빈부격차로 인한 양극화는 가속화되고, 국민들의 삶의 질은 갈수록 떨어지고 있는 현실입니다. 치솟는 전월세 가격과 사교육비 부담으로 인간답게 살고 평등하게 교육을 받을 권리도, 일자리를 찾기가 어려운 상황에서 근로의 자유와 권리도 공염불이 됐기 때문입니다.

기본권(基本權)이란.

헌법이 보장하는 국민의 기본적인 권리를 기본권이라고 한다. 우리나라 헌법은 제10조에서부터 국민의 기본권을 보장하고 있는데, 내용에 따라 분류해 보면 아래 표와 같다.

<표> 기본권의 분류

구분	내용	특징
기본권의 일반 규정	인간의 존엄과 가치, 행복 추구권	기본권의 이념 규정
평등권	법 앞의 평등, 기회의 균등	불합리한 차별을 받지 않을 권리
자유권	신체의 자유(가장 기본적인 자유권), 주거 및 사생활의 자유, 언론·출판·집회·결사의 자유 등	포괄적이며 소극적인 권리, 적법 절차의 원리 중요
사회권	인간다운 생활을 할 권리, 교육받을 권리, 환경권, 근로의 권리	적극적이고 현대적인 권리, 복지 국가에서 중요
청구권	국가에 대하여 일정한 청구를 할 수 있는 권리(청원권, 국가 배상 청구권 등)	기본권 보장을 위한 기본권, 열거적, 적극적 권리
참정권	정치에 참여할 권리(선거권, 공무 담임권, 국민 투표권)	능동적 권리

<Basic 고교생을 위한 사회 용어사전>

▶ 국민의 기본권이 보장되지 못하는 원인은 무엇인가요?

물론 헌법 때문 만이라고는 할 수 없지만 현행 헌법이 규정하고 있는 국민의 기본권이 다분히 선언적이고 포괄적인 것이 문제입니다. 우리나라 헌법은 천부인권 정신과 민주주의 이념에 바탕을 두고 '모든 국민은 인간으로서의 존엄과 가치를 가지며, 행복을 추구할 권리를 가진다. 국가는 개인이 가지는 불가침의 기본적 인권을 확인하고 이를 보장할 의무를 진다'라고 규정(제10조)하고 있습니다.

그런데 예를 들어 '인간답게 살 권리가 있다' 라고 규정하고 있지만, 어떤 것이 인간답게 사는 것인지에 대한 정의는 없습니다. 행복을 추구할 권리가 있고 국가가 이를 보장할 의무가 있다고 선언만 하고 그것을 위해 정부가 어떤 조치를 해야 하는지는 규정하고 있지 않습니다. 정부가 국민의 기본권 보장을 위해 실질적인 조치보다 이름과 조항만 있는 수준에 머무르고 있기 때문입니다.

▶ 구체적인 해법에는 무엇이 있을까요?

국가의 존재 이유가 결국 국민의 기본권을 지키는데 있다면 20대 국회의원과 차기 대통령, 대통령 후보들은 헌법이 지향하는 이런 기본적인 가치들을 실현할 수 있는 방안들을 개헌 논의에 담아야 하고, 오히려 이것을 개헌의 주된 내용으로 가져가는 것이 타당하다고 생각합니다.

조문 자체의 추상성을 개선하고, 정부가 실질적인 노력과 필요한 조치를 할 수 있도록 강한 의지를 표명하는 것입니다.

외국 헌법이 규정하고 있는 기본권의 성격과 효력에 대한 조항도 참조할 수 있습니다. 스위스 헌법에서는 '기본권은 법질서 전체에서 효력을 발하여야 한다'(제35조 제1항), '국가의 사무를 수행하는 자는 기본권에 구속되며 그 실현을 위하여 기여할 의무를 진다'(제35조 2항)고 규정하여 기본권이 단순한 선언적 의미가 아니라 국가적으로 직접 효력규정으로, 법적 구속과 실현 의무를 규정하고 있습니다. 독일에서도 '이하의 기본권은 직접 효력을 갖는 법으로서 입법, 집행 및 사법을 구속한다'고 규정(독일 기본법 제1조 3항)하고 있습니다. 심지어 스위스 헌법에서는 '기본권이 사인 간에도 유효하도록 노력하여야 한다'고 까지 명문화 하고 있습니다.

앞으로 개헌 논의시 우리 헌법에도 이런 조항이 명문화 된다면 헌법에 명시된 국민의 기본권을 실현하고 신장할 수 있는 토대를 마련하는 것이며, 또 그러해야 한다고 믿습니다.

Q. 개헌 논의에서 양극화 해소를 왜 다루어야 하나요?

앞서 말했듯이 헌법은 국가 통치의 방향과 한 사회

가 지향해야 하는 가치가 담긴 이정표와 같은 것입니다. 따라서 현재 대한민국이 가야할 방향과, 당면한 국가적 난제들을 해결할 수 있는 원칙과 사회적 합의를 담아낼 수 있어야 합니다.

우리 사회는 가난한 사람은 더 가난해 지고 부자는 더 부유해지는, 이른바 빈익빈 부익부의 악순환 구조에 빠져 있습니다. 부모의 소득격차에 따른 성장기 교육기회의 불평등이 학교의 수준을 결정하고, 졸업 후 취업과 임금 격차로 이어집니다. 이 소득격차가 다시 결혼과 교육기회의 차이를 만드는 악순환이 계속되는 것입니다. 바로 이 때문에 우리 젊은이들이 가난의 대물림에 좌절하게 되고, 헬 조선을 외치게 된 것입니다.

우리 사회의 시대적 과제와 요구는 무엇보다 갈수록 심화되는 양극화를 해소하여 사회적 갈등을 줄이고, 국민의 삶의 질을 개선하여 행복을 증진하는 것입니다. 따라서 개헌의 방향과 목적은 철저하게 이를 실현하기 위한 법적 토대를 만드는데 모아져야 한다고 봅니다.

이를 위한 하나의 방법론으로 권력구조 개편도 논의할 수 있으나 그 방향이나 근본적인 목적이 국민의 기본권을 지키고 양극화 해소 등 시대적 과제에 대한 사회적 합의를 이끄는 것이 되어야지, 정치인의 이해관계를 위한 것이 되어서는 안 된다고 생각합니다.

▶ 양극화 해소를 위한 구체적인 조항에는 무엇이 있을까요?

이러한 양극화 현상을 해소하기 위해 우선적으로 교육 영역에서의 보다 구체적인 평등조항이 헌법적으로 필요합니다. 현행 헌법의 '모든 국민은 능력에 따라 균등하게 교육을 받을 권리를 가진다'(제 31조 1항)는 조항만으로는 현재 우리 사회에서 벌어지고 있는 사교육을 통한 부의 대물림 문제를 해결할 수 없습니다. 적어도 공부할 능력과 의지가 있는 학생들은 방과후학교 등 공교육시스템을 통해 고가의 사교육에 버금가는 양질의 보충수업 기회를 가질 수 있어야 합니다. 이러한 의지가 헌법에 명시되어 규범적 효력을 가질 때, 흙수저의 좌절이 비로소 줄어들 수 있을 것입니다. 이 영역에서 네덜란드 헌법의 교육에 관한 구체적 규정들이 시사하는 바가 큽니다.

두 번째는 '동일노동, 동일임금의 원칙'을 강조하여 실천의지를 강조하는 것입니다. 물론, 현행 헌법에 있는 평등권의 범주(제 11조 1항)에 이 원칙이 포함된다고 해석되고, 근로기준법에 다시 규정되어 있으나 현실은 절망적입니다. 대기업과 중소기업, 정규직과 비정규직 사이에 임금격차가 크게 존재하고 있고, 이것이 심각한 사회문제가 되고 있으니 더욱 강력한 의지표명이 헌법적으로 필요하다 할 것입니다(표 1, 그림 1 참조). 교육과 임금 격차에서 나타나는 문제를 국가적 차원에서 해결하기 위해서는 국가의 지도원리로 작동

하는 헌법에 더욱 명시적으로 보강하여 강조할 필요가 있습니다.

<그림 1> 기업규모와 고용형태별 근로자 비중

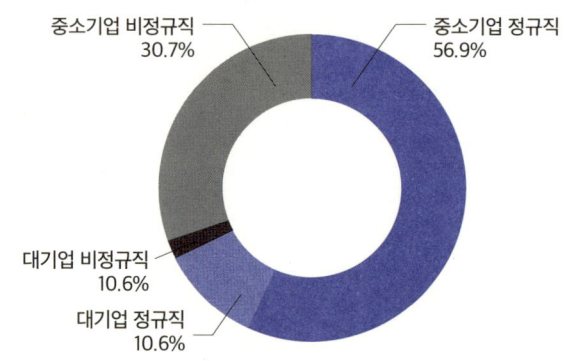

- 중소기업 비정규직 30.7%
- 중소기업 정규직 56.9%
- 대기업 비정규직 10.6%
- 대기업 정규직 10.6%

<표 1> 기업규모와 고용형태별 임금격차

* 시간당 임금총액 기준 (대기업 정규직을 100으로 봤을 때), 단위 %

	2008	2009	2010	2011
대기업 정규직	100	100	100	100
대기업 비정규직	59.0	58.2	63.0	70.3
중소기업 정규직	55.6	56.7	55.3	55.6
중소기업 비정규직	32.5	33.8	33.3	35.6
	2012	2013	2014	2015
대기업 정규직	100	100	100	100
대기업 비정규직	63.1	65.6	64.2	65.0
중소기업 정규직	56.4	53.8	52.3	49.7
중소기업 비정규직	38.4	36.7	34.6	35.0

자료 : 고용노동부

Ⅲ. 우리에게 맞는 권력구조 개편은 어떤 것인가요?

Q. 대통령 4년 중임제를 주장하는 이유는 무엇인가요?

우리나라는 정부 수립 후 1~2년을 제외하고는 대통령제를 채택하고 있습니다. 여러 장단점이 있지만, 우리 국민들에게 익숙한 제도이고, 그동안 시행착오를 겪으면서 적잖은 노하우와 자산이 쌓인 것은 분명합니다. 문제는 대통령의 임기인데, 87년 헌법에서 5년 단임제를 택한 후 약 30년이 지났지만 국민들 머릿속에서 성공한 대통령을 배출하지 못하고 있습니다. 여러 이유가 있지만, 5년 임기 한 번만으로는 국정 추진에 제약이 있다고 봅니다.

대통령제(大統領制)란.

국민에 의하여 선출된 대통령이 정치적 실권을 쥐고 행정부를 구성하는 정부 형태로, 대통령은 국가의 원수이며 동시에 행정부의 수반이 된다. 대통령제는 엄격한 권력 분립을 지키기 때문에 정부는 법률안 제안권이 없고 대통령의 법률안 거부권도 인정되지 않는다. 대통령제는 임기 동안 효율적이고 안정적인 정국 운영이 가능하고 정책의 계속성이 보장된다는 장점이 있지만, 책임 정치가 곤란하고 독재 정치의 가능성이 크다는 단점이 있다. 우리나라는 국회의원의 각료 겸직, 정부의 법률안 제안권, 국무 총리제도 등이 있어서 순수한 대통령제와는 달리 의원 내각제가 가미된 대통령제라고 할 수 있다. <Basic 고교생을 위한 사회 용어사전>

중임(重任)이란.

대통령의 재임과 관련하여 한 사람이 거듭 입후보하여 선출될 수 있는 것을 말한다. 현행 헌법은 대통령의 임기를 5년으로 하고, 중임할 수 없도록 하며(헌법 70조), 중임변경을 위한 헌법개정은 그 헌법개정제안 당시의 대통령에 대하여는 효력이 없도록 하였다(헌법 128조2항). <법률용어사전>

▶ 5년 단임제가 구체적으로 어떤 문제가 있나요?

대통령이 공약 이행이나 국정을 운영하고 쇄신하는 데 있어서 5년이라는 시간은 매우 짧습니다. 임기 안에

완성하려니 자꾸 무리를 하거나, 하나도 제대로 하기 어려운 한계가 있습니다.

임기 초기에는 업무파악 부족이 불가피하고, 첫해 예산은 대통령 취임 이전에 이미 확정돼 있어 공약사업을 시작하기 어렵습니다. 그 사이에 4년 단위의 국회의원 총선거, 지방선거 등도 전국적으로 치러야 합니다. 심지어 중간 중간 재보궐 선거까지 있고, 이때마다 소위 '정권 심판'을 의식하지 않을 수 없습니다. 임기 중간에 치러지는 선거에서 집권여당이 승리하지 못할 경우 급속한 권력누수(레임덕) 현상으로 국정 수행이 더욱 어려워지기도 합니다.

따라서 대통령이 국민과 약속한 선거 공약을 충실히 이행하고, 정쟁에 휘말리지 않고 국정을 안정적으로 수행할 수 있도록 시간적 여유를 충분히 줄 필요가 있다는 것입니다. 그렇게 해야 정책의 연속성도 확보할 수 있고, 정권 교체 후 발생하는 혼란과 부작용도 줄

일 수 있습니다.

▶ 중임제를 도입하면 뭐가 달라지나요?

중임제를 도입할 경우, 현직 대통령이 임기동안에 자신의 국정 수행에 대한 평가를 받게 됩니다. 현재의 방식은 대통령이 아니라 대통령이 소속된 정당이 평가를 받는다고 할 수 있습니다. 임기 말 대통령의 인기가 떨어지면 여당의 차기 대권 주자가 대통령에게 탈당을 강요하여 실제로 탈당을 한 경우도 있고, '꼬리 자르기'식으로 차별화를 추구하기도 합니다. 이렇게 되면 대통령의 책임 있는 국정 수행이 불가능하고, 정치적 소모전이 거듭될 수밖에 없습니다. 이것이 바로 단임제의 단점이고, 이를 개선하기 위한 대안으로 4년 중임제를 도입하자는 것입니다.

▶ 4년 중임제(8년)는 젊은 대권 후보들에게 유리한 것 아닌가요?

4년 중임제가 도입된다고 해서 중임이 자동으로 되는 것은 아닙니다. 자신의 국정 수행에 대해서 국민들이 긍정적인 평가를 하고 인정해 주어야 가능한 것입니다. 여기서 우리가 경계할 것은 권력구조를 바꾸는 중요한 정치제도의 변경을 특정 정치인과 연계해서 그 본질을 왜곡하고 희석시키는 것입니다.

자신 있게 이야기 할 수 있는 것은 서울시장 경험을 돌이켜 볼 때 4년이라는 시간은 매우 짧더라는 것입니다. 정책을 입안하고 단계적으로 추진해 성과를 내는데 4년 임기는 분명 한계가 있습니다. 정책의 연속성과 책임 있는 국정수행을 위해서 4년 중임제를 검토할 시기가 됐다고 봅니다.

▶ 4년 중임제를 하면, 제왕적이라는 대통령 권한이 더 강해지는 것 아닌가요?

미국의 경우 대통령과 주지사들에게 4년 중임제를 적용하고 있지만 그러한 우려 없이 안정적으로 운영되고 있습니다. 우리나라 지방자치단체장의 경우에도 3선 연임제를 채택하고 있지만 권력독점 논란은 적습니다.

4년 중임제와 대통령의 권력집중문제는 별개의 사안으로 다루는 것이 필요합니다. 오히려 단임제를 시행하다 보니 현직 대통령이 국정 수행을 제대로 했는지 선거를 통해 국민이 심판할 수 있는 기회가 없다는 한계가 있습니다.

또 헌법이 부여하는 대통령의 권한이 정말로 제왕적이라고 할 만큼 막강한지에 대한 논의도 필요합니다. 헌법상으로만 따지면 우리나라 대통령의 권한은 선진국보다 크지 않고, 국무총리의 권한이 대통령과 필적할 만합니다. 제도와 실제가 차이가 있다면 그것은 제도보다 운용의 문제일 것입니다.

제왕적 대통령(帝王的大統領, imperial president)이란.

대통령제 국가에서 행정부의 수반인 대통령의 막강한 권위를 비유적으로 이르는 말.
1973년 미국의 역사학자 슐레징거(Arthur Meier Schlesinger Jr.)가 그의 저서 《제국의 대통령직 The Imperial Presidency》에서 닉슨 행정부의 막강한 권위를 묘사하면서 처음으로 사용하였다.
제왕적 대통령은 3권분립이 균형을 이루어야 하는 대통령제 국가에서 대통령의 권한이 다른 정부 기관에 비해 상대적으로 막강한 것을 가리키는 비유적 표현으로 사용된다. 이는 곧 대통령의 권한이 옛날 왕조 시대에 제왕이 누리던 독단적 권위처럼 막강하다는 뜻인데, 심한 경우에는 대통령 독재로 이어질 수도 있다.<두산백과에서 요약>

▶ 우리나라 대통령 권한이 크게 행사되고 있는 이유는 무엇인가요?

선진국과 비교했을 때 우리나라가 차이가 나는 것은 연방제 국가가 아니라는 것입니다. 미국, 영국, 독일, 오스트리아 등이 모두 연방제 국가입니다. 미국의 경우 50개의 주로 구성돼 있고, 모든 주가 독자적인 법체계를 갖추고 있습니다. 또한 주지사가 연방 대통령이 행사하는 외교와 국방 분야를 제외하고는 독자적인 행정권을 행사합니다. 그러다 보니 대통령의 권한이 집중돼 있다는 논란이 적습니다(표 2 참조).

또 다른 이유 중 하나는 이른바 4대 권력기관에 대한 운영의 차이입니다. 관례적으로 세무조사, 검찰과 경찰을 활용한 비리 수사, 국정원을 이용한 정보수집 등이 종종 정치적으로 무리하게 이루어지다 보니 대통령의 권한이 비대하다는 지적이 나오는 것입니다.

<표 2> 대통령의 권한에 대한 외국 사례 비교

국가명	국가원수		행정권(내치)	특징
	원수	외치		
대한민국	대통령	대통령	대통령(총리)	지방자치(약)
미국	대통령	대통령	대통령/주지사	연방제
독일	대통령	총리	총리	연방제
일본	천황	총리	수상	지방자치
영국	왕	총리	총리	연방제
오스트리아	대통령	총리	총리	연방제

자료 : 임성은, 2016: 89

▶ 4년 중임제를 하면, 중임을 위해 임기 내 성과달성에 더 집착하게 되는 것 아닌가요?

대통령의 임기가 몇 년이 적당하다, 사실 이것에 대한 정답은 없습니다. 미국은 4년이지만 5년인 국가도 있고, 6년인 곳도 있습니다(표 3 참조). 현재 5년인 임기가 4년으로 조정된다면 1년이 단축되고, 중임을 위한 선거를 치러야 하기 때문에 그런 우려도 나올 수 있다고 봅니다. 물론 완벽한 제도는 없는 만큼 5년 단임제와 비교해서 실익을 따져보자는 것입니다.

<표 3> 주요 국가별 국가원수 임기 비교

	대통령			행정권(내치)	특징
	임기	중임 여부	선출방식		
미국	4년	중임 가능	간접선거	하원 2년 상원 6년	
독일	5년	1번 가능	간접선거	하원 4년 상원 임기없음	
영국	(총리)	-	하원 다수당 대표	하원 최장 5년 (총선유동적)	
일본	(총리)	-	중의원 다수당 대표	참의원 6년 기타 4년	
프랑스	5년	중임 가능	직접선거 (결선투표)	하원 5년 상원 6년	
오스트리아	6년	1번 가능	직접선거	하원 4년 상원 5~6년 총리 5년	연방수상 임명

또 다른 이유는 무엇보다 대통령과 국회의원 및 지방자치단체장 임기가 달라 한 해 걸러 선거를 치르는 데서 오는 엄청난 사회적 비용과 비효율성을 개선하기 위해서라도 임기를 4년으로 맞추는 것이 필요하기 때문입니다.

▶ 4년 중임제를 하더라도, 레임덕은 어쩔 수 없는 것 아닌가요?

4년 중임제를 도입한다고 가정하면, 처음 당선된 4년과 재선된 4년은 다소 차이가 있을 것이라 봅니다. 처음 임기 4년은 중임의 가능성이 있으나, 중임된 후에는 임기가 4년 남은 것이기에 레임덕이 나타날 수 있습니다. 반면, 중임 대통령은 업무파악에 소요되는 시간을 단축할 수 있고, 처음 임기의 연속선상에서 정책을 추진할 수 있는 장점이 있습니다. 최악의 경우 레임덕이 온다고 가정하면, 5년보다는 1년 짧아진다고 볼 수도 있습니다만, 미국 등 4년 중임제를 택하고 있는 국가와 우리나라의 지방 단체장 등을 비교하여 우려되는 점을 보완할 수 있다고 판단됩니다.

Q. 분권형 대통령제(이원집정부제)는 반대하는 것인가요?

분권형 대통령제는 외치와 내치를 구분하여 대통령의 권력을 총리에게 분산하자는 것이 가장 큰 취지입니다. 이원집정부제는 대통령제와 내각제의 중간형태가 아니라 대통령 소속정당 의석이 의회 내 과반수를 차지하느냐 여부에 따라 대통령제와 내각제가 교대로 나타나는 체제라고 봐야 합니다. 장점도 있지만, 단점도 있습니다.

이원집정부제를 선호하는 입장에서는 대통령제와 내각제의 장점만이 발현될 것이라고 기대하지만, 실제로는 그 반대로 각각의 단점이 교대로 나타날 가능성이 있다는 지적도 있습니다(박찬욱: 2004, 정진민: 2004, 김웅운: 2003).

무엇보다 개헌 없이 현행 헌법으로도 분권형 대통령제가 얼마든지 가능하다는 점도 깊이 있게 고려해 보아야 한다는 입장입니다.

> **이원집정부제(二元執政府制)란.**
> 의원내각제의 요소와 대통령제의 요소를 결합하여 가지고 있는 제도를 말한다. 원칙적으로 위기시에 있어서는 대통령이 행정권을 전적으로 행사하나, 평상시에 있어서는 내각 수상이 행정권을 행사하며, 하원에 대하여 책임을 지는 의원내각제식으로 운영되는 것을 말한다. 이 제도는 오스트리아 · 핀란드 · 바이마르독일 등에서 발달된 제도로서 대통령제와 의원내각제의 혼합형태인 점에 특색이 있다. 이 제도의 현대적 유형으로는 프랑스 제5공화국을 들 수 있다. <법률용어사전>

▶ 분권형 대통령제의 장점과 단점은 무엇으로 보나요?

장점으로는 제왕적 대통령제가 가지는 폐해와 국정의 비효율성을 예방할 수 있고, 총리와 대통령이 내치와 외치를 역할분담 함으로써 보다 전문성과 효율성을 기할 수 있다는 점입니다. 정치적으로는 정파나, 지역별로 대통령과 총리 후보를 나누어 선거를 치를 수 있어 국민통합에 기여할 수 있다는 것도 장점으로 볼 수 있습니다.

반면, 단점도 있습니다. 우선 내치와 외치를 나누는 것이 꼭 바람직한 것이냐 하는 것입니다. 정부는 경제부처와 비 경제부처, 외교와 내무, 사업 부처와 규제 부처 등 여러 분류로 나눌 수 있으나, 부처간의 유기적인 협력과 갈등 조정이 필수적인데 이것이 잘 이루어질 수 있을까 하는 고민이 있습니다.

> **분권형 대통령제(分權形 大統領制, semi-presidential system)란.**
> 대통령제와 의원내각제의 절충적인 정부 형태로 국민에 의해 각각 선출된 대통령과 의회가 정책 영역별로 통치하는 정부형태. 대통령은 통일·외교·국방 등 안정적 국정수행이 요구되는 분야를 맡고, 총리는 내정에 관한 행정권을 맡아 책임정치를 수행토록 하는 제도이다. 대통령과 의회의 다수파가 같은 정파(政派)일 때는 대통령제처럼 운영되며, 대통령이 총리를 임명하지만 의회의 동의가 있어야 하기 때문에 여소야대의 현상이 발생하는 경우에는 동거정부(同居政府)가 되는 것이 특징이다. 프랑스 등 유럽에서 가장 안정적인 정부형태로 정착하였다. 어떤 요소에 집중하느냐에 따라 다양한 형태로 나타날 수 있어 학자들에 따라 반대통령제, 준대통령제, 이원집정부제 등 여러 명칭으로 불린다. 대통령과 총리는 통괄하는 각료에 임명권을 행사할 수 있으며, 내각제 못지 않게 총리권한이 강화된다. 국회의 내각 불신임권과 대통령의 국회해산권이 부여되기도 한다. 현행 우리나라의 헌법은

> 대통령에게 '국가원수'로서의 권한과 함께 '행정수반'으로서 행정권을 부여하고, 국무총리는 대통령을 보좌하며 대통령에 의하여 임명되도록 하고 있다.
>
> 한편 권력구조 개편에 가장 적극적인 정치인이었던 노무현 전 대통령이 분권형 대통령제를 지지한 바 있으며, 2008년 이명박 정부 출범 이후 제왕적 대통령제를 분권형 대통령제로 바꾸자는 개헌 논의가 정치권 일각에서 제기된 바 있다. <시사상식사전>

▶ 내치와 외치를 나누는 방식의 분권형 개헌에 대해 반대하나요?

내치와 외치를 무 자르듯 나눌 수 있느냐는 고민도 있습니다. 예컨대, FTA는 외교 협상을 전제로 하지만, 국내 산업이나 경제에 미치는 영향이 매우 큰 업무인데, 이것을 외치 담당인 대통령이 맡아야 하느냐, 내치 담당인 총리가 적임이냐 하는 문제가 발생할 수 있습니다.

유사한 예로 개성공단 문제도 그렇습니다. 북한은 물론 4대 열강의 외교관계가 연계되는 문제이지만, 국내 기업이 진출해 있는 내치의 영역이기도 합니다. 갈등과 이해관계가 매우 복잡하게 얽혀 있고, 정치적으로도 보수와 진보가 대립하고 있는 상황에서 분권형 체제로 간다면 과연 빠른 의사결정을 통해 합리적으로 국정을 수행할 수 있을까, 또 그것이 국익에 도움이 될까 하는 현실적 고민이 있습니다.

분권형 모델인 독일에서, 대통령과 총리가 역할분담을 하는 것처럼 보이지만 실제로는 메르켈 총리가 외교업무도 수행하고 있다는 것도 참고할 부분입니다.

▶ 프랑스 같은 나라는 분권 체제가 잘 운영되고 있는 것 아닌가요?

프랑스 등에서 이원집정부제가 도입된 역사적 배경은 의회의 권한이 지나치게 비대해지면서 국정운영의 불안정을 야기하여, 의회 권한을 제한하고 행정부 권력을 강화할 필요가 있었기 때문입니다. 우리와는 전혀 다른 이유에서 이원집정부제를 도입한 것입니다.

최근 이원집정부제를 도입한 동구권 국가들의 대부분도 내각제 및 내각제와 유사한 형태의 권력구조를 장기간 운용한 경험이 있는 국가들임을 고려해야 할 필요도 있습니다.

▶ 현행 헌법으로도 분권형 대통령제가 가능하다는 의미는 무엇인가요?

우리나라 헌법은 완전한 대통령제가 아니라, 의원내각제를 혼합한 독특한 형태입니다. 그 성격 자체를 보자면, 이미 분권 형태를 취하고 있다고 볼 수 있습니다. 그럼에도 불구하고, 추가적인 분권이 필요하다는 주장이 나오는 것은 운용상의 문제가 더 큰 것이라 봅니다. 그래서 분권형 개헌은 큰 의미가 없다고 보는 것입니다.

우선 헌법상으로 대통령은 총리와 권한을 분산하고 있는 형태입니다. 총리에게 국무위원 제청권을 주고, 국무회의에서 대통령이 행사하는 거의 모든 권한을 심의하도록 하고 있습니다. 분권형 개헌의 모델로 거론되고 있는 독일이나 오스트리아처럼 대통령과 총리가 함께 존재하고 있어 제도상으로는 큰 차이가 없습니다. 미국은 부통령이 있지만, 분권형이라 부르지는 않고, 독일의 경우는 대통령이 있지만 실제로는 의원내각제 형태로 분류되듯이 조금씩 국가마다 특성이 다릅니다. 그래서 제도상으로만 살펴보자면, 현행 헌법이 이미 분권형 대통령제의 근간이 되는 셈입니다.

> **부통령(副統領, Vice-president)이란.**
>
> 부통령은 대통령제를 실시하는 국가 중 일부에서 채용하고 있는 직위이다. 대통령이 유고 시 부통령이 직무를 대행하거나 대통령직을 승계한다. 대한민국에서는 1948년 부통령제가 도입되었으나 1960년 부통령제가 폐지되었다.
> 부통령은 국무총리와 달리 미리 정해진 임기가 있고 통상 대통령 후보와 러닝메이트로 선거를 치루며 임기를 함께 한다. 이 임기는 신임 투표 등이나 의회에 의해 바뀔 수 없다. 미국의 부통령은 연방 의회의 상원 의장을 당연직으로 겸직하고 있다. <위키백과>

<표 4> 대통령제와 의원 내각제 비교

정부 형태	대통령제	의원 내각제
특징	· 미국에서 발달 · 엄격한 삼권 분립, 정부와 국회의 관계 대등 · 정부의 국회 해산권 없음, 국회의 내각 불신임권 없음 · 국회의원과 각료 겸직 불가	· 영국에서 발달 · 입법권과 행정권의 융합, 국회 다수당의 당수가 내각의 수반 · 내각은 국회 해산권을 가짐, 국회는 내각 불신임권을 가짐 · 국회의원의 각료 겸직
장점	· 대통령 임기 동안 정국 안정 · 국회 다수당의 횡포 견제 가능	· 정치적 책임에 민감(책임 정치) · 독재 방지
단점	· 정치적 책임에 둔감 · 독재의 우려	· 정국 불안정 · 다수당의 횡포 우려

자료 : 사회선생님도 궁금한 101가지 사회질문사전

▶ 현재 국무총리가 제대로 권한 행사를 못하는 이유는 무엇이라고 보나요?

문민정부 때 이회창 총리는 헌법상 부여된 총리의 권한을 행사하겠다고 한 적이 있습니다. 장관에 대한 제청권 등을 수행하겠다고 나서 대통령과 갈등을 빚었고, 결국 총리직에서 물러나게 되었습니다. 노무현 대통령 재임 시 고건 전 총리(2004년)와 박근혜 대통령 재임 시 정홍원 전 총리(2014년)는 퇴임하는 총리가 후임 총리와 함께 일할 장관에 대해 제청권을 행사하는 것이 부적절하다고 한 적이 있습니다.

우리나라 국무총리가 실질적 권한을 행사하지 못하는 이유는 한마디로 총리 후보에 대한 지명과 면직에 관한 권한을 전적으로 대통령이 행사하기 때문입니다. 의원내각제의 경우 총리 후보를 의회에서 선출하는 것과 대비됩니다.

▶ 총리의 권한을 헌법에 명시하면 합리적인 권력 분산이 가능하지 않을까?

현행 헌법은 국무총리의 권한으로 '대통령의 명을 받아 행정 각부를 통할한다'라고만 되어 있어 다소 미흡한 점이 있습니다. 국무총리가 대통령의 위임 없이 수행할 수 있는 고유 업무나 권한을 헌법에 명시한다면, 조금 더 명확해지는 장점은 있습니다. 그러나 총리는 인물이나 그 개인의 능력에 따라 업무 수행에 차이가 날 수 있어 이것을 명시적으로 제도화하기는 어려울 수도 있고, 경우에 따라 족쇄가 될 수도 있습니다.

총리의 권한 강화를 위해 차관 또는 중앙부처 고위공무원의 인사권을 위임하는 방안을 검토할 수 있습니다. 총리실이 관장하는 정부업무평가와 연계하면 성과위주의 인사까지 가능해 질 수 있다고 봅니다.

> **국무총리의 헌법상 권한 관련한 조항은...**
>
> 제86조 ① 국무총리는 국회의 동의를 얻어 대통령이 임명한다.
> ② 국무총리는 대통령을 보좌하며, 행정에 관하여 대통령의 명을 받아 행정각부를 통할한다.
> 제87조 ① 국무위원은 국무총리의 제청으로 대통령이 임명한다.
> ③ 국무총리는 국무위원의 해임을 대통령에게 건의할 수 있다.
> 제94조 행정각부의 장은 국무위원 중에서 국무총리의 제청으로 대통령이 임명한다.
> 제95조 국무총리 또는 행정각부의 장은 소관사무에 관하여 법률이나 대통령령의 위임 또는 직권으로 총리령 또는 부령을 발할 수 있다.
>
> 제89조 다음 사항은 국무회의의 심의를 거쳐야 한다.
> 1. 국정의 기본계획과 정부의 일반정책
> 3. 헌법개정안·국민투표안·조약안·법률안 및 대통령령안
> 4. 예산안·결산·국유재산처분의 기본계획·국가의 부담이 될 계약 기타 재정에 관한 중요사항
> 9. 사면·감형과 복권
> <u>12. 국정처리상황의 평가·분석</u>
> <u>13. 행정각부의 중요한 정책의 수립과 조정</u>

> 16. 검찰총장·합동참모의장·각군참모총장·국립대학교총장·대사 기타 법률이 정한 공무원과 국영기업체관리자의 임명

▶ 국무총리의 선임 방식을 어떻게 보완할 수 있습니까?

대법원장과 국무총리의 선임 방식을 헌법상으로만 비교하면 거의 동일합니다. 국회의 동의를 얻어 대통령이 임명한다는 점이 그렇습니다. 반면, 대법원장은 일정한 자격과 경력 요건이 있습니다.(표 5 참조) 따라서 국무총리의 경우에도 헌법에 명시하지 않더라도 법률을 통해 자격요건을 규정함으로써 대통령의 무소불위의 임면권을 제한할 필요가 있다고 봅니다.

또 다른 방법으로는 대선 때 대통령 후보와 러닝메이트를 하거나, 국회나 여당 의원총회에서 총리 후보를 선출하여 대통령이 임명하는 방법, 부총리 중 한 명을 임명하는 방안을 검토할 수 있습니다. 총리의 선임권을 일정부분 제도화하여 대통령의 권한을 제한하고, 책임 총리제가 가능하도록 하자는 것입니다.

내치와 외치, 혹은 어떤 형태로든 개헌 없이 현행 헌법으로도 분권제의 취지를 살릴 수 있는 만큼 차기 대선 후보가 공약으로 이를 내걸고 먼저 시행해본 후 제도화하는 방식을 취할 수도 있습니다(임성은, 2016).

<표 5> 국무총리와 대법원장 선임제도 비교

	국무총리	대법원장
임명권자	대통령	대통령
국회 동의	동의	동의
자격	없음	있음
인사청문회	실시	실시
추천 규정	없음	
임기	없음	6년, 중임 불가
면직	대통령 권한	없음

> **대법원장의 자격은.**
>
> 법원조직법 제42조(임용자격) ① 대법원장과 대법관은 20년 이상 다음 각 호의 직(職)에 있던 45세 이상의 사람 중에서 임용한다.
> 1. 판사 · 검사 · 변호사
> 2. 변호사 자격이 있는 사람으로서 국가기관, 지방자치단체,「공공기관의 운영에 관한 법률」제4조에 따른 공공기관, 그 밖의 법인에서 법률에 관한 사무에 종사한 사람
> 3. 변호사 자격이 있는 사람으로서 공인된 대학의 법률학 조교수 이상으로 재직한 사람

Q. 의원내각제를 반대하는 이유는 무엇인가요?

의원내각제의 대표적인 국가는 영국과 일본인데, 우리와 다른 공통점이 있습니다. 입헌군주제라 하여 헌법에 바탕을 두고 있지만 기본적으로 군주, 즉 왕이 있는 국가입니다.

일본의 경우 총리가 자주 바뀌어 장기적인 국가정책을 추진하는데 한계가 있습니다. 2006년부터 현재까지, 고이즈미 내각 이후 해마다 총리가 바뀌어 사회복지나 연금, 세제개혁과 같은 중장기적 국정과제를 수행하는데 난맥상을 겪었고, 이것이 일본의 '잃어버린 20년'과 무관하지 않다는 시각도 있습니다.

의원내각제는 의회, 정당, 의원 중심으로 국가를 운영하는 것인데 정당제도가 잘 정착해야 하는 전제가 필요하고, 아직 우리나라로서는 조금 위험한 시도라고 생각합니다.

입헌 군주제(立憲君主制)란.

군주의 권력을 헌법으로 제한하는 정치 형태이다. 입헌 군주제는 절대 군주를 타도하고 근대 국가를 형성한 17세기 영국에서 맨 처음 확립되었다. 원래 영국에서는 13세기 말 이후 의회의 지위와 권한이 순조롭게 발전해 왔기 때문에 군주의 권한은 의회가 제정한 법률이나 결정에 제한된다는 권력 제한적 인식이 강하였다. 그러나 17세기에 들어와 군주가 그 권한의 확대, 강화를 도모하고 절대 군주의 길을 추구하였기 때문에 시민 혁명이 일어났다. 따라서 명예 혁명 뒤의 영국에서는 입법권을 가진 의회(국왕·상원·하원)가 행정권을 가진 국왕보다 우위에 있다는 정치 사상이 확립되었다. 게다가 영국에서는 18세기 중반 무렵 이후 행정권은 사실상 내각이 장악하였고, 이어서 19세기로 접어들자 정당 정치가 확립되는 과정에서 다수당이 형성하는 내각이 의회에 대하여 책임지는 형태로의 의원 내각제가 정치 운영상의 기본 원칙이 되면서 영국은 세계 민주주의 국가들의 모델이 되었다. <Basic 고교생을 위한 세계사 용어사전>

cf) 전제 군주제(專制君主制)

왕의 권력이 법의 테두리 밖에 존재하여 왕에게 절대적 권력이 주어지는 정치 체제. 1897년 대한 제국은 대한국 국제 9조를 만들어 황제에게 무한한 권한을 부여하였다. 대한 제국은 구본 신참을 내세우며 왕정 복고적 전제 군주제를 실시하였다. 이에 반대하여 독립 협회가 입헌 군주제 실시를 주장하자 황국 협회를 동원하여 독립 협회를 해산시켰다. <Basic 고교생을 위한 국사 용어사전>

▶ 의원내각제의 도입이 정치권력의 독점을 막을 수 있지 않을까요?

반드시 그렇지도 않습니다. 의원내각제의 장점은 의회가 중심이 됨으로써 여야 간 갈등을 최소화하고 내각을 견제할 수 있다는 것이 가장 큰 장점이라 할 수 있습니다. 반면, 정당이 안정적이지 못하고, 정당 정치가 성숙하지 못할 때는 책임 있는 정책결정이 어려울 수 있다는 것이 단점입니다.

대표적인 의원내각제 국가인 영국의 경우 '수상 독재'라는 말이 회자될 만큼 강력한 수상 권력이 문제가 되고 있고, 내각책임제라고 하여 반드시 권력독점 현상이 발생하지 않는다고 보기 어렵습니다. 의회의 내각불신임과 수상의 의회해산권 행사가 불필요한 사회적 비용을 초래하고 정국불안정을 야기할 가능성도 배재할 수 없습니다.

따라서 의원내각제에 대한 경험도 부족하고 그 전

제조건인 정당정치도 성숙하지 못한 우리의 경우, 급진적으로 정치체제를 바꾸기보다는 오랫동안 시행해 온 대통령중심제의 범주 안에서 대안을 모색하는 것이 바람직해 보입니다.

> **의원 내각제(議員內閣制)란.**
> 국회 내 다수당이 내각(수상과 각료)을 구성하는 정부 형태로 수상이 정치적 실권 행사하고 왕이나 대통령은 상징적 국가 원수이다. 의원 내각제에서는 국회와 행정부의 권력 융합이 이루어지므로 엄격한 권력 분립과는 거리가 있으며, 의회는 내각 불신임권을 가지고, 내각도 의회 해산권이 있다. 의원 내각제는 국민의 민주적 요구에 충실한 책임 정치 구현이 가능한 제도이지만, 다수당의 횡포를 저지할 수 없고 군소 정당의 난립 시 정국이 불안해질 우려가 있다. <Basic 고교생을 위한 사회 용어사전>

▶ 우리나라의 정당(제도)을 너무 평가절하 하는 것 아닌가요?

의원내각제가 성공하려면 책임정당제가 확립되는 것이 중요한 선행조건이지만 현행 우리나라 정당정치의 수준에서 이를 담보할 수 없다는 전문가의 지적(박찬욱, 2004)이 있습니다.

우리나라의 정당은 10년 이상을 버티지 못하고 있습니다. 사실상 선거 때마다 정치적 이해관계에 따라 이합집산하고 정당 명칭이나 대표를 바꾸어 왔다고 해도 과언이 아닙니다(그림 2 참조). 4.13 총선이 끝나고서는 주요 3당이 모두 정상적인 대표가 부재한, 비상대책 체제를 유지하는 것도 슬픈 현실입니다.

강력한 리더십을 가졌던 DJ, YS 등 제왕적 총재들이 은퇴한 후 정당 민주주의가 제대로 자리 잡지 못하고 있습니다. 당원 수가 전국적으로 10만 명을 헤아리기가 어렵고, 국회의원 지역구 하나에 당원수가 1천 명 수준에도 모자라는 상황입니다. 상향식 공천을 하려고 해도 인적 자원이 부족하고, 여러 가지 부작용이 나오는 이유이기도 합니다. 흔히 말하는 풀뿌리 민주주의를 바닥에서부터 다져서 책임 있는 정당정치가 가능해졌을 때 다시 생각해볼 수 있을 것입니다.

<그림 2> 한국 정당의 역사

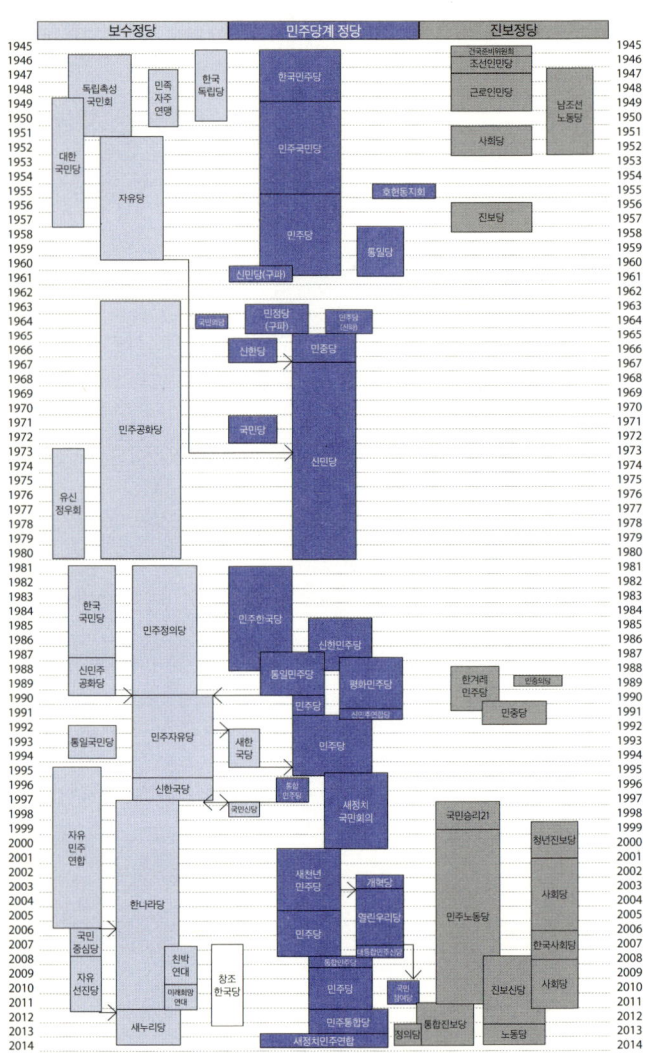

자료 : 네이버 카페

Q. 개헌 없이 협치나 연정을 어떻게 할 수 있나요?

여야가 극한적 대립에서 벗어나 대화와 타협을 통한 최상의 의사결정을 이끌어내는 것은 국민 모두가 바라는 이상적 목표입니다. 그런데 여야 갈등이 첨예하다 보니, 협치를 다시 전면에 내세우고 여소야대 국면을 극복하기 위해 연정이라는 카드도 제시되고 있습니다.

독일식 연정은 여러 개의 정당이 의석을 가지는 다당제에서는 불가피하지만, 우리나라 현실에서는 3당 체제에 접어든 20대 국회에서의 새로운 시도와 그 결과가 중요하다고 판단됩니다. 그런데, 독일도 연정을 헌법에 의무화하지 않고 있다는 관점에서 보면 우리나라 헌법이 연정을 금지하고 있지 않기 때문에 법률적 제약은 없는 셈입니다. 또 노무현 대통령이 그런 시도를 했으나 합의가 되지 않았다는 점을 고려하면 이것이 개헌을 조건으로 한다고 보기는 어렵습니다.

> **연정, 연립내각(聯立內閣, coalition cabinet)이란.**
>
> 의원내각제에서 정치적 성격이 가까운 둘 이상의 정당에 의하여 구성되는 내각.
> 정당정치에서는 한 정당이 정권을 담당하는 것을 원칙으로 한다. 그러나 한 정당의 힘만으로 정권을 담당하기가 어려울 때 정치적 성격이 가까운 정당간의 제휴에 의하여 의회에서 다수파를 형성하고 정권을 맡는 경우가 있다. 집권보수당에 대항하는 혁신계 제(諸)정당이 연립하여 정권을 담당하는 야당연합의 경우도 있으며, 중도정치를 주장하는 제 정당이 제휴하여 정권을 장악하는 경우도 있다.
> 문제는 단일정당에 의하여 구성되는 단독내각과는 달라서 성격을 달리하는 소수정당이 연립하게 되면 연립내각의 정책방향이 분명하지 못하다는 것이다. 이 때문에 미리 뚜렷한 정책방향 없이 연립 및 연합하는 것은 소수정당 사이에서의 형태를 달리하는 정권욕의 발로로 간주되기도 한다. <두산백과>

> **대통령제와 의원 내각제 비교**
>
> 의원 내각제와 대통령제는 몇가지 분야에서 차이가 나는데, 첫째, 대통령제는 엄격한 권력 분립으로 상호 독립적으로 존재하나, 의원 내각제는 행정부와 입법부가 상호 의존적 형태로 존재하게 된다. 둘째, 대통령제에서 행정부는 일원적으로 구성되나, 의원 내각제는 이원적으로 구성된다. 셋째, 대통령제는 임기 중 정치적 책임을 지지 않으나, 의원 내각제는 내각에 대하여 정치적 책임 추궁이 가능하다. 넷째, 두 정치제도를 본질적으로 구분하는 것은 내각 불신임권과 의회 해산권이다. <통합논술 개념어 사전>

▶ 개인적으로 협치나 연정의 필요성에 대해 동의하나요?

기본적으로 협치나 연정 등은 정치적 갈등을 최소화함으로써 정쟁으로 인한 비용을 줄이고 다양한 국민들의 요구를 정책에 반영하자는 이상적 목표를 가지고 있습니다. 그러나 단점도 있습니다. 갈등이 격화되었을 때, 이를 해결하는 것이 더 어려울 수도 있습니다. 현재 정치적 이념과 지향점이 유사한 장관들로 구성이 돼도 부처에 따라 입장이 다르고 갈등이 발생했을 때 조정하기 어려운 경우가 많습니다. 개성공단, 미세먼지, 주택거래 취득세 인하 등이 그렇습니다. 그런데, 장관들이 소속돼 있는 정당까지 다르다면 이런 갈등을 봉합하기가 더 어려워지리라는 것은 불을 보듯 뻔합니다. 무상 보육 재정비용을 둘러싼 중앙정부(교육부)와 야당 소속의 시도지사나 교육감의 첨예한 갈등이 이를 말해 주고 있습니다.

> **협치(協治, governance)란.**
> 협치는 협력하는, 협의하는 정치를 통상적으로 의미한다. 영어인 거버넌스는 정부를 뜻하는 government에서 파생된 것으로 네트워크를 중시한다는 점에서 망치(網治)로 불리기도 하고, '국가경영' 또는 '공공경영'이라고도 번역된다.
> 거버넌스의 개념은 신공공관리론(新公共管理論)에서 중요시되는 개념으로서 지역사회에서부터 국제사회에 이르기까지 여러 공공조직에 의한 행정서비스 공급체계의 복합적 기능에 중점을 두는 포괄적인 개념으로 파악될 수 있으며, 통치·지배라는 의미보다는 경영의 뉘앙스가 강하다. 거버넌스는 정부·준정부를 비롯하여 반관반민(半官半民)·비영리·자원봉사 등의 조직이 수행하는 공공활동, 즉 공공서비스의 공급체계를 구성하는 다원적 조직체계 내지 조직 네트워크의 상호작용 패턴으로서 인간의 집단적 활동으로 파악할 수 있다. <이해하기 쉽게 쓴 행정학용어사전>

▶**현재의 승자독식 방식(all or nothing)을 유지해야 한다고 생각하나요?**

선거에서 한 표라도 이긴 후보나 정당이 전체를 가져가는 현 시스템은 분명 단점이 있습니다. 그렇다고, 패배한 정당에 장관을 몇 자리 배정한다고 해결될 것인지 조금 꼼꼼히 살펴볼 필요가 있을 것 같습니다. 경기도의 경우, 부지사를 야당에 배정하는 등 지방자치단체가 먼저 연정을 시도한 셈이지만 그렇다고 여야 간 갈등이 없거나 기대했던 시너지효과가 나는지는 좀 더 지켜봐야 합니다. 그러나 이런 시도들을 통해 사회적 합의가 모아진다면 어느 시기엔가 재검토해 볼 수는 있을 것입니다.

> **승자독식제(勝者獨食制, winner takes all)란.**
> 주별로 직접투표를 통해 가장 많은 표를 얻은 후보가 해당 주에 배분된 선거인단을 모두 차지하는 미국의 독특한 선거제도. 세계에서 유일하게 미국만이 채택하고 있는 제도로, 일종의 간접선거이다. 미국 독립 당시 각 주가 연방정부에 대해 독자적인 주권과 위상을 갖게 하자는 취지에서 도입된 이후 현재까지 유지되고 있다. 이 제도의 핵심은 각 주별로 직접투표를 통해 가장 많은 표를 얻은 대통령 후보가 해당 주에 할당된 일정한 숫자의 선거인단을 모두 차지한다는 점이다. <두산백과>

Q. 지방자치나 지방분권에 대해서는 어떻게 생각하나요?

지방자치나 지방분권은 반드시 필요하다고 봅니다.

지방자치를 실시한지 20년이 넘었지만, 2할(20%) 자치라는 평가를 받고 있습니다. 우리나라의 국세와 지방세의 비율이 8:2 수준이어서 나온 자조 섞인 말입니다. 독일이나 선진국 대부분이 5:5의 수준으로 지방재정의 자립비중이 높은 것과 대조적입니다.

선진국들이 연방제나 지방자치를 통해 중앙권력을 분산하고 있다는 점도 좋은 예입니다. 국민의 기본권, 행정 수요를 잘 충족하기 위한 방법도 지방자치를 강화하는데 있다고 봅니다.

> **지방분권(地方分權, decentralization)이란.**
> 통치상의 권한이 지방정부에 대폭 분산되어 있는 체제. 중앙집권(centralization)과 상반되는 개념. 지방분권이란 국가의 통치권과 행정권의 일부가 각 지방정부에 위임 또는 부여되어 지방주민 또는 그 대표자의 의사와 책임 아래 행사하는 체제를 말한다. 지방분권에는 두 가지의 형태가 있다. 그 하나는 중앙정부가 국가사무와 권한을 각 지방정부에 위임(委任)하여 그들로 하여금 중앙정부의 감독 아래 수행하도록 하는 행정적 분권[위임 행정]이고, 다른 하나는 지방자치단체가 그 지방의 모든 행정사무를 고유사무로 인식하고 독자적인 입장에서 부여된 권한을 행사하여 자주적으로 행정을 수행하는 자치적 분권[자치행정]이다. 이러한 두 형태의 지방분권은 전자는 독일과 프랑스 등지에서

> 발달한 단체자치(團體自治)와 관련이 깊고, 후자는 영국에서 발달한 주민자치(住民自治)에 의한 행정과 관련이 깊다.
> 그러나 지방분권은 지방자치단체의 재정적 자립이 어렵다는 점과 중앙집권이 가지는 장점을 지니지 못한 점이 단점으로 지적되고 있다. <이해하기 쉽게 쓴 행정학용어사전>

▶ 지방자치 강화를 위해서는 무엇을 해야 할까요?

중앙 정부가 가지고 있는 권한을 지방자치단체장에게 대폭 이양하는 것입니다. 교육감을 따로 뽑는 교육 자치와 지방경찰 등도 과감하게 시도지사에게 위임할 필요가 있습니다(표 6 참조).

경찰 자치는 민생 치안 외 권력분산이라는 면에서도 중요한 항목입니다. 경찰 자치를 반대하는 이유가 중앙 권력의 이관이라는 점을 경계한다는 것이 중론인데, 이 자체가 경찰 자치가 매우 중요한 권력분산임을 시사하는 것이라고 하겠습니다.

교육 자치는 지방에서의 인력난, 지방 대학 운영과 모두 연관되는데, 지역에서 필요한 인재를 지역 대학이 양성하지 못하고 있습니다. 서울 명문대 진학 중심 문화를 바꾸고 대학교육을 차별화 하여야 합니다. 프랑스, 독일, 미국 등의 파리 1, 2, 3대학이 지역에 관계없이 평준화 되고, 전공학과별로 지역 특화가 이루어진 것처럼 우리도 교육 자치를 통한 변화가 필요합니다.

<표 6> 국가별 교육행정제도 비교

	영국	독일	프랑스	미국	일본	한국
교육 권한	지방분권	지방분권	중앙집권	지방분권	지방분권	지방분권
중앙과의 연계	협력체제	지방자치	중앙정책 집행	완전 독립	지방자치	
교육수장 선임방식	지자체장 임명	지자체장 임명	중앙정부 임명	혼합[3]	지자체장 임명	주민직선
면직	·	·	·	8개주	·	X

자료 : 임성은, 2011

▶ **중앙집권의 폐해 해소, 지방분권 강화를 위해서라도 개헌이 필요하지 않나요?**

꼭 헌법을 개정해야 지방분권이 가능한지에 대해서는 다소 의문이 있습니다. 1987년 개정된 현행 헌법이

---

[3] 주지사 임명 11개주, 주 교육위원회 임명 25개주, 주민 직선 14개주로 구성

지방자치를 실시하기 전에 만들어져 지방자치와 관련한 조항이 적은 것은 사실이지만, 지방자치를 금지하고 있는 것도 아니기 때문입니다. 교육 자치, 경찰 자치, 지방재정 확충 모두 법률 개정으로도 가능한 부분이기 때문에 이에 대한 국민적 공감대 형성과 여야 합의가 가장 중요한 열쇠입니다.

> **중앙집권(中央集權, centralization)이란.**
> 통치상의 권한이 주로 중앙정부에 집중되어 있는 체제. 즉, 중앙집권이란 지방행정에 관한 의사결정의 권한을 거의 모두 중앙정부에 집중하고 중앙정부의 책임 아래 지방행정을 집행하는 체제를 말한다. 이와 같은 중앙집권은 국가의 통치권과 행정권이 중앙정부에 집중되어 있기 때문에 지방에서 처리할 필요가 있는 사무도 중앙정부가 지방행정기관[일선기관]을 통하여 직접 수행하게 된다.
> 이러한 중앙집권은 역사적으로 오랫동안 전제주의(專制主義) 국가를 유지시켜온 체제로서 오늘날에도 권위주의가 팽배한 발전도상국에서 흔히 볼 수 있는 현상이다. 그러나 선진국가라 할지라도 중앙집권적 요소를 완전히 배제하고 있는 것은 아니다. 오히려 지방분권적 국가에서도 최근에는 새로운 중앙 집권화를 추구하는 경향을 나타내고 있는 것을 볼 수 있다. <행정학사전>

Ⅳ. 개헌은 언제, 어떻게 하는 것이 좋을까요?

Q. 개헌이 적정한 시기는 2017년 대선 이전인가요, 이후인가요?

 개헌을 위해서는 충분한 검토와 사회적 합의가 필요하다고 봅니다. '87년 개정된 헌법을 봐도 알 수 있듯이 헌법은 한번 개정하면 30년 이상 유지될 수도 있기 때문입니다.

 개헌에 찬성하는 국회의원이 200명을 넘었다는 보도가 있었습니다만, 각론에 들어가면 의원내각제와 분권형 대통령제, 4년 중임제 등 서로 의견이 다르기 때문에 이를 조정하려면 충분한 시간이 필요하다고 봅니다. 대선을 앞두고 단지 정치공학적 이유에서 졸속으로 개헌이 진행되는 것은 국가적 재앙이 될 수 있기 때문에 바람직하지 않다고 생각합니다.

<그림 3> 헌법개정 절차

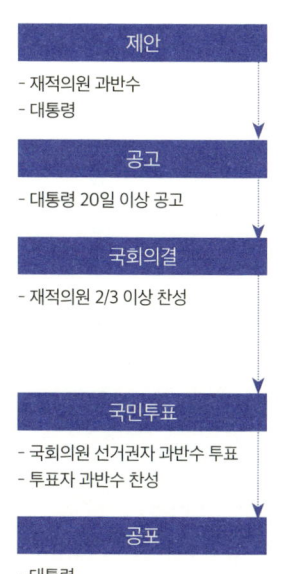

- 헌법개정안 제안권자 : 국회의원, 대통령
- 국회의원 : 재적의원 과반수
- 대통령 : 국무회의 심의를 거쳐 제안

- 제안된 헌법개정안의 내용을 국민에게 알리는 절차로 대통령이 20일 이상 공고

- 공고된 날로부터 60일 이내 의결
- 재적의원 3분의 2이상 찬성
- 표결은 기명투표에 의함
- 공고된 헌법개정안에 대하여 수정하여 의결할 수 없음

- 국회에서 의결한 후 30일 이내에 국민투표 회부
- 국회의원 선거권자 과반수의 투표와 투표자 과반수의 찬성으로 확정

- 대통령이 즉시 공포

▶ 이른바 원 포인트 개헌을 반대하는 이유가 있나요?

원포인트 개헌이라 하여 권력구조만 먼저 바꾸자는 의견도 있습니다. 그러나 개헌은 앞서 누누이 말했듯이 국가 경영의 골간이 되는 패러다임을 바꾸고, 국민의 기본권과 사회가 지향하는 가치를 재규정하는 엄중

한 작업입니다. 절차 또한 까다롭습니다. 그런데 권력구조만 먼저 바꾸고 또 개헌을 하자는 것은 현실적으로 가능하지도 않을뿐더러, 국민적 합의없이 대선 전에 개헌을 하자는 주장은 정치권력의 연장이나 정권 획득을 위한 또 다른 정파 싸움으로 비칠 수 있습니다.

따라서 차분하고 신중하게 국가와 사회의 지향점을 고민하고, 국민의 기본권과 삶의 질 향상을 목표로 하는 통합적인 개헌이 이루어져야 합니다.

▶차기 대통령 임기를 줄이자고 제안했던데, 가능한 것인가요?

이것을 제안한 취지는 대통령 선거는 5년마다 있고 국회의원과 지방 선거는 4년마다 하다 보니, 그 시기가 달라 선거를 자주 해야 되고 이에 따라 엄청난 사회적 비용과 혼란이 발생하는 것을 개선해 보자는 것입니다. 산술적으로는 20년에 한 번씩 일치하는 셈인데, 대선과 지방선거가 일치하는 시점이 2022년, 그러니

까 차차기 대통령 선거입니다(그림4 참조).

그런데, 이것도 지방선거는 6월초이고, 대통령선거는 12월 중순이라 이 두 선거를 통합해 시행하기 위해서 대통령 선거를 6월초로 앞당기자는 것입니다. 선거가 앞당겨지는 만큼 대통령 임기를 6개월 감축하면 앞으로 지속적으로 대선과 지방선거를 함께 할 수 있는 길이 열리는 셈입니다.

이것은 2017년 대선 주자가 임기단축을 공약하고 대통령에 당선 후 실천하면 가능[4]하다고 봅니다.

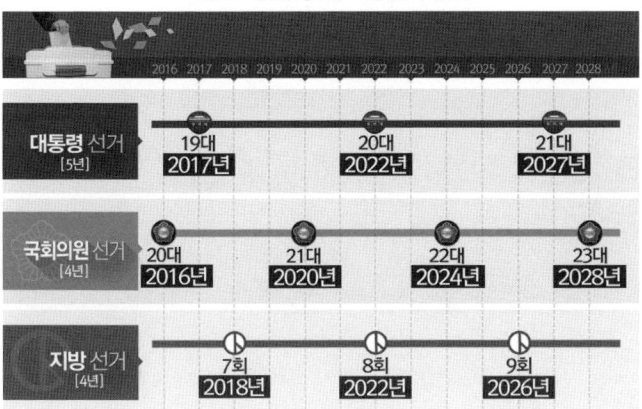

<그림 4>대선, 총선, 지방선거 일정

자료 : MBC 100분 토론 자료화면

▶ 대선과 지방선거를 함께 하면 투표 대상이 너무 많아 혼란스럽지 않을까요?

현재 지방선거는 총 8개의 투표용지[5]에 한꺼번에 투표를 하게 됩니다. 후보자가 누군지 알기 어렵고, 정당별로 줄 투표를 한다는 부작용이 지적되고 있는데 대통령 선거까지 합쳐지면 혼란이 가중될 우려는 있습니다.

만약, 대선과 지방선거를 동시에 하게 될 경우 지방의원 선거를 단체장과 분리하는 것을 검토할 필요가 있다고 판단됩니다. 지방의원 선거를 2년 뒤로 미루게 되면, 단체장과 2년 뒤 중간평가 성격이 되어 서로 견제와 균형의 원리도 작용될 것으로 전망됩니다.

Q. 개헌의 실현 가능성을 낮게 전망하는 이유는 무엇인가요?

개헌의 절차를 살펴보면 법률 개정과 차이가 몇 가

---

4) 국회의원 임기를 단축하여 대통령 임기와 맞추는 방안은 국회의원들의 동의를 얻기가 쉽지 않을 것이기 때문입니다.
5) 시도지사, 시도 교육감, 시군구청장, 시도 의원, 시군구 의원, 광역과 기초 비례의원 선출용 정당투표, 교육위원 선거

지 있습니다. 국민투표를 거쳐야 하고, 국회에서 재적 의원의 2/3, 즉 현재 300명 기준으로 200명 이상의 찬성을 얻어야 합니다. 20대 국회의 정당 분포를 보면 여야 1, 2당이 합의해야 하고, 당내 계파까지 고려하면 대통령과 모든 정파의 동의가 필요한 셈입니다.

따라서 대선을 앞두고 개헌 논의에 불이 붙었지만 그 실현 가능성은 낮다고 보는 것입니다.

▶ 국회의원 중 개헌 찬성자가 3분의 2가 넘는 것으로 알려져 있는데 가능성이 있는 것 아닌가요?

헌법 개정이 법률 개정과 큰 차이중 하나는 개헌개정안이 발의되면 이것을 수정할 수 없다는 점입니다. 법률개정의 경우 상임위, 법사위, 본회의에서도 수정안을 제출할 수 있고, 소위원회에서 문구를 하나하나 심사하면서 서로 협의하고 수정하는 것과는 절차가 다른 것입니다(표 7 참조).

권력구조 개편 하나만 놓고 보더라도 의원내각제, 대

통령 4년 중임제, 분권형 대통령제 중 어느 하나에 대해 2/3가 찬성해야 하는데 현재는 각각 지지하는 방안이 다릅니다. 현재의 정치 지형을 보면 한 가지로 단일안을 만들기도 쉽지 않을 것으로 전망됩니다(표 8, 9 참조).

<표 7> 헌법과 법률 개정의 절차 비교

	헌법 개정	법률 개정
발의	대통령, 국회 과반	대통령, 국회 10인 이상
공고	20일 이상, 대통령이 공고	10일 이상 예고 (생략 가능)
수정 여부	불가	가능
의결 정족수	재적 2/3 찬성	과반 출석, 과반 찬성
의결 시한	공고후 60일 이내	없음
대통령 거부권	불가능	가능
국민투표	실시	없음

자료 : 임성은, 2016: 85.

<표 8> 개헌관련 여론조사 결과

조사 기관	조사시기	찬성 vs 반대 (%)	개헌 시기(%)	선호하는 정부형태(%)
한길리서치	2014. 10.14	57.8 vs 29.0	△ 내년 이후: 48.2 △ 올해 안에: 31.9 △ 논의 불필요: 11.7 △ 잘 모름: 18.0	△ 대통령중임제: 35.9 △ 이원정부제: 17.9 △ 의원내각제: 6.5
한국갤럽	2014. 10.21~23	42 vs 46		△ 대통령중임제: 58 vs 5년단임제: 36 △ 분권형대통령: 53 vs 현행 대통령제: 35
문화일보	2014. 10.30	58.7 vs 32.1	△ 박대통령 임기 내 : 55.1 △ 다음정부에 논의 : 36.6 △ 모름/무응답: 8.3	△ 대통령중임제: 31.2 △ 분권형대통령: 26.9 △ 5년단임제: 21.3 △ 의원내각제: 9.0

| 시사오늘 - R&R | 2014. 11.26 | 61 vs 27
△ 새누리당 지지층:
54 vs 35.6
△ 새정치연합 지지층:
89.0 vs 8.0 | △지금: 26
△박근혜 임기내: 40
△차기정권: 34 | △대통령중임제: 42
△5년단임제: 29
△분권형대통령제: 6
△의원내각제: 6 |

자료 : 이정재: 2016, 57

<표 9> 개헌관련 전문가 의견

이름	소속	개헌 찬반	올바른 정치체제
김대환	서울시립대 법전원 교수	개헌 찬성	분권형 대통령제
김하중	전남대 법전원 교수	개헌 찬성	분권형 대통령제, 장기적으로 내각제
박명린	연세대 국학대학원 교수	개헌 찬성	분권형 대통령제
박선영	동국대 법대 교수	개헌 찬성	분권형 대통령제, 장기적으로 내각제, 양원제
변해철	한국외대 법전원 교수	개헌 반대	-
임지봉	서강대 법전원 교수	개헌 반대	-
장영수	고려대 법전원 교수	개헌 찬성	분권형 대통령제, 장기적으로 내각제
최태욱	한림국제대 국제학과 교수	개헌 조건부 찬성	독일식 의원내각제
한상희	건국대 법전원 교수	개헌 반대	-
황도수	건국대 법전원 교수	개헌 찬성	독일식 의원내각제
김경진	법무법인 이인 변호사	개헌 찬성	4년 중임제
신인수	법무법인 소헌 변호사	개헌 반대	-
이건개	전 국회의장 헌법개정자문위원	개헌 찬성	6년 단임 분권형 대통령제
이재교	시대정신 대표	개헌 반대	4년 중임제
이재화	민변 사법위원장	개헌 찬성	4년 중임 분권형 대통령제
이헌	시변 공동대표	개헌 찬성	-
전원책	변호사	개헌 반대	총리 대신 부통령제 도입, 궁극적으로는 내각제
조정	변호사	개헌 찬성	국회 양원제
최진녕	대한변협 대변인	개헌 찬성	4년 중임제
하승수	녹색당 공동위원장	개헌 찬성	시민에게 권력 분산시키는 방향으로 논의해야

자료 : 주간경향, 1099호, 2014.11.4

Q. 개헌, 즉 제도를 바꾸는 것과 운용을 통해 개선하는 것 중 어떤 것이 나을까요?

 제도와 운용은 법치국가에서 바퀴의 양축과 같다고 생각합니다. 아무리 좋은 제도도 운영이 서투르면 기대했던 성과를 낼 수 없는데, 제헌 헌법에서 미국식 대통령제를 도입하였지만 독재와 같은 부작용이 나타났습니다. 4.19 혁명 이후 내각제를 도입했으나 성공하지 못하였고, '87년 헌법은 미국식 대통령제에 내각제를 혼합해 놓았습니다. 그런데 그에 대한 평가 역시 대통령제와 내각제의 장점보다는 단점만 드러나고 있다는 지적도 있습니다.

 이러한 상황에서 오스트리아식, 독일식 통치구조로 제도를 바꾼들 이런 것들이 잘 정착할 수 있을까 하는 우려가 있습니다.

▶ 제도적 틀을 바꾸면서 새로운 시도를 해볼 수 있는 것 아닌가요?

현재 우리나라 정치가 많은 문제를 안고 있고, 새로운 변화와 시도를 해보려는 것에는 반대하지 않습니다. '87년 직선제 개헌과 비교해 볼 때 국민들은 큰 관심이 없거나 회의적 시각이 우세합니다. 경기침체에 대한 대안으로 개헌을 생각하지는 않으며, 정치개혁의 최우선 대상으로 제왕적 대통령제를 꼽지도 않습니다. 국민들은 제도가 정치문화를 바꾸지 못한다는 것을 이미 경험을 통해 알고 있습니다.

분권형 대통령제는 책임 총리를 전제로 하는 것인데, 현행 헌법에 총리의 권한이 명시돼 있으므로 권력 분권의 취지가 살도록 운영상 어떻게 보완할 것인가를 논의할 수 있습니다. 필요한 경우 야당 성향의 인사를 장관으로 기용할 수도 있는데, 이것을 '내 식구 빼가기' 식으로 비난하지 않고 서로 인정하고 수용하는 정치문화가 더 우선이라고 봅니다.

Q. 우리나라의 정치 문화를 바꿀 수 있는 방법이 있다고 생각하나요?

우리나라에 가장 적합하다고 생각되는 제도를 계속 시도하면서 개선해 나가는 것이 불가피하다고 생각합니다. 미국의 민주주의도 100년 이상의 갈등과 반목 속에서 성숙된 것이라고 합니다. 독일은 2차 대전의 패배와 동·서독의 분리와 통일 등 여러 과정을 겪으면서 현재의 제도가 안착된 것입니다. 단, 우리나라가 시행착오를 조금 단축하려면 다른 나라의 경우를 반면교사로 삼아 더 많이 고민하고 공부하는 것이 필요하다고 봅니다.

▶ 정치문화를 바꾸기 위한 공부라면 어떤 것이 필요할까요?

민주시민 교육이 우선돼야 한다고 봅니다. 선진국에서는 전국민을 대상으로, 초·중학교 시절부터 민주시민으로서의 자질과 소양을 갖추도록 별도의 교육을 실시합니다. 독일의 경우처럼 중학생 때부터 주요 정당별로 입장을 나누어 토론을 통해 대화와 타협이 몸에 배이도록 하는 것도 도움이 되리라 생각합니다.

우리나라는 사회과목이 있으나 이론 학습에 그치거나, 집권자에 대한 미화 등의 문제가 제기되면서 약화된 측면이 있습니다. 현재 성 교육을 법으로 정하여 직장인들에게도 의무적으로 실시하듯이, 정치의식, 권리의식, 정치참여에 대한 관심과 인식을 강화할 수 있는 민주시민 교육을 시행해야 합니다.

▶**정치문화 선진화를 위한 방안은 어떤 것이 있을까요?**

선출직의 자격 요건을 일일이 법으로 정하기는 어렵더라도, 합리적인 기준으로 공천을 하고 선거 과정에서 걸러지는 선거문화가 정착되는 것이 중요합니다. 다른 한편으로는 정당정치를 좀 더 활성화하고, 시민사회와 시민운동 역량을 강화하는 것도 정치문화를 혁신하는데 도움이 된다고 봅니다.

더 중요한 것은 정치인들의 자질입니다. '하드웨어'

보다는 '소프트웨어'가 훨씬 중요하다고 생각합니다. 이제 우리나라는 그릇보다 그 안에 담기는 내용물이 더 중요한 단계에 와 있습니다. 따라서 전문적이고 체계적으로 정치인을 양성하는 교육기관의 설립, 운영도 시급하다고 봅니다.

제도 그 자체로 당면한 국가적 난제들을 해결할 수는 없습니다. 경제 불황과 양극화가 성장 일변도의 패러다임에서 벗어나 분배와 공존의 문제를 고민하는 계기가 되었듯이 이번 개헌 논의 역시 정치권이 시대와 국민의 요구가 무엇인지를 진지하게 고민하는 시발점이 되기를 기대합니다.

참고한 자료

권영성, 2006, 헌법학 원론, 법문사
김응운, 2003, 프랑스 대통령 임기단축을 위한 개헌의 의미, 한국국제지역학회보 제2집, pp.223~240
박찬욱, 2004, 한국 통치구조의 변경에 관한 논의 : 대통령제의 정상적 작동을 위하여, 한국정치연구 제13집 제1호, pp.83~126, 서울대학교 한국정치연구소
이정재, 2016, 개헌 어떻게 할 것인가, 북문
임성은, 2011, 서울 행정학, 신라 미디어
임성은, 2016, 국민이 원하는 정책 헌법속에 다 있다, 홍가비전
정진민, 2004, 한국 대통령제의 문제점과 극복 방안 : 정부형태와 정치제도의 조응성을 중심으로, 한국정당학회보 3권 1호, pp.279~304
한국헌법학회, 2006, 헌법개정연구, 2006 헌법개정연구위원회 최종보고서

사전류

Basic 고교생을 위한 사회 용어사전, 2006, ㈜신원문화사
두산백과, 두산동아, 네이버에서 검색
법률용어사전, 2011, 법문북스
사회선생님도 궁금한 101가지 사회질문사전, 2011, 북멘토
시사상식사전, 박문각
위키백과, 네이버에서 검색
이해하기 쉽게 쓴 행정학용어사전, 2010, 새정보미디어
통합논술 개념어 사전, 2007, 청서출판
행정학사전, 2009, 대영문화사

왜 지금 개헌인가? 국민을 위한

초 판 1쇄 발행	2016년 07월 25일
초 판 1쇄 인쇄	2016년 07월 25일

등록일 2014년 10월 20일

지은이 오세훈

펴낸이 이돈환

펴낸곳 씨앤북스
주 소 경기도 파주시 회동길 37-39(문발동)
전 화 02) 888-3888(서울) 031) 955-2111(파주북시티)
팩 스 02) 873-7111
도서공급 및 주문전화 02) 736-0640(경제서적)
가 격 7,000원

ⓒ씨앤북스, 2016

ISBN 979-11-954372-2-1

* 이 책은 '씨앤북스'가 저작권자와 계약에 따라 발행한 것이므로
  본사의 서면 허락 없이는 어떠한 형태나 수단으로도 이 책의 내용을 이용하지 못합니다.
* 잘못된 책은 구입하신 서점에서 바꾸어 드립니다.
* 저작권자와 맺은 특약에 따라 검인을 생략합니다.

씨앤북스는 말과창조사와 자매 출판사입니다. 여러분을 위한 참된 지식을 위해 더욱 노력하겠습니다.